인성의 기초를 다지는 감정 교과서

4

외로움

채인선 글 | 이혜란 그림

한권의책

외로움이 뭘까?

차례

1단계 감정 느끼기
은비의 꿈 • 4

2단계 감정 알기
난 지금 외로워 • 16

3단계 감정 나누기
외로울 때 난 이렇게 해 • 28

4단계 감정 연습
외로움아, 같이 놀자 • 40

부모님·선생님 보세요 • 50

1단계 감정 느끼기

은비의 꿈

엄마와 단둘이 사는 은비에게는 꿈이 있습니다.
엄마만큼 큰 어른이 되면 신랑 열 명을 얻어 아이들
백 명을 낳겠다는 것입니다.
은비 엄마는 시내 큰 슈퍼마켓에서 일을 하는데 보통
저녁 일곱 시나 되어야 집에 오십니다. 학교에 갔다 와서
그 시간까지 은비는 텅 빈 방에서 혼자 시간을 보냅니다.
슈퍼에 손님이 많으면 엄마는 일곱 시를 훌쩍 넘겨 아홉
시까지 일을 하십니다. 그럴 때면 은비는 백 명의 아이들
이름을 하나씩 짓곤 하는데 오늘도 그런 날이었어요.
비밀 공책에는 벌써 마흔아홉 번째까지 이름이 적혀 있어요.
"뭐라고 지을까? 잘 생각해야 하는데……."
은비는 쉰 번째 이름을 몇 번이나 썼다 지웠다 하며 고심을
했어요. 배에서는 꼬르륵 소리가 났지만 은비는 앉은뱅이
책상에서 몸을 일으키지 않았어요.

그런데 문득 인기척이 났어요. 고개를 번쩍 드니 놀랍게도
처음 보는 아이들이 은비 주위에 모여 있었어요. 아이들은 은비에게
팔을 내밀며 "엄마! 엄마!" 하고 불렀어요. 모두 백 명이었어요.
마흔아홉 명은 이름이 있었고 나머지 쉰한 명은 이름이 없었어요.
곧이어 아이들 틈에서 젊고 잘생긴 신랑들이 나타났어요.
신랑들은 은비에게 "여보! 여보!" 하더니 손을 흔들었어요.
꿈에 그리던 대로 열 명의 신랑에다가 백 명의 아이들이었어요.
은비는 너무 기뻐 눈물이 나올 지경이었어요.
"맞아! 적어도 식구가 이 정도는 돼야지. 그래야 온종일 시끌벅적,
와글와글, 야단법석이지."

은비는 신랑 열 명과 아이들 백 명을 위해 요리를 하고, 집 안을 치우고, 빨래를 했어요. 아이들을 씻기고, 신발을 신기고, 밥을 먹이고, 서로 싸우지 말라고 야단을 치고, 양말을 뒤집어 놓은 아이에게 잔소리를 하고, 전화를 받고, 빨래를 널고 걷고, 다리미질을 하고……. 게다가 신랑들이 "배고파! 밥 줘!" "여보, 커피 좀 끓여 줘!" 하며 아우성치는 바람에 은비는 더욱 즐거운 비명을 질렀어요.
"맞아, 이것이 행복한 가정의 모습이야. 이래야 외로움을 느낄 겨를이 없지. 야호!"

하지만 은비는 점점 지쳐 갔어요. 팔이 열 개라도, 다리가
백 개라도 모자랄 정도로 정신없이 뛰어다녔건만 신랑들과
아이들은 더욱 극성이었어요. 은비가 이리 가면 그리로 우르르
몰려가고, 은비가 저리 가면 은비를 쫓아 그리로 또 우르르
몰려갔어요. 아홉 시가 되자 마침내 은비는 집 안 어느 한 구석에
쪼그리고 앉아 꾸벅꾸벅 졸기 시작했어요.
"나 좀 내버려 둬! 내버려 달라고."
은비는 웅얼웅얼 잠꼬대를 했어요. 그런 은비를 엄마가
가볍게 흔들어 깨웠어요.

"무슨 잠을 그리 곤하게 잔 거야? 엄마 문도 안 열어 주고……."
엄마는 초인종을 몇 번 누르다가 문을 따고 들어왔다며 슈퍼에서 가져온 김밥과 순대를 상에 올려놓았어요. 엄마와 은비의 늦은 저녁이었어요.
"엄마, 아이를 너무 많이 낳으면 안 되겠어요. 바쁠 것 같아."
"그래? 몇 명쯤 낳을 건데?"
"한 오십 명만. 오십 명 낳고 더 낳을까 한번 생각해 볼래요."
"신랑은?"
"신랑은 열 명 그대로 두고요."
은비는 엄마에게 꿈 얘기를 하지 않았어요. 또 다른 꿈을 꿀지 모르기 때문이에요. 이번에는 엄마와 단둘이 바다에 놀러 가는 꿈을 꾸었으면 좋겠다고 생각했어요.

밤 늦게 **혼자** 집에 있는데
무섭기도 하고 좀 외로웠어.

2단계 감정 알기

지금 난 외로워

외로움은 내 곁에 아무도 없는 거야.
누구와 같이 있고 싶은데…….

일요일인데
모두 나한테는 관심이 없어.
아버지는 아버지 일을 하고,
엄마는 엄마 일을 하고,
누나는 친구네 집에 놀러 갔고
강아지는 쿨쿨 낮잠을 자고 있고.
혼자 버려진 느낌이야.

모두들 엄마가 우산을 가지고 와서
같이 집에 가는데 나는 아무도 없어.
엄마가 오지 못한다는 것은 알지만
혼자 비를 맞고 갈 생각을 하니 외로웠어.

밤늦게 혼자 집에 있는데 무섭기도 하고
좀 외로웠어. 오빠는 학원 가서 늦게 온다고 하고
아버지와 엄마는 동창회에 가셨거든.

⭐ 외로움은 혼자 있는 시간이에요.

우리는 보통 누구와 같이 있지요. 혼자 있는 시간이 그리 많지 않을 거예요. 외로움은 혼자 있는 시간에 느끼는 감정이에요. 자기 혼자 고독의 섬에 둥둥 떠 있는 것을 말하죠. 하지만 우리는 모든 일을 항상 다른 누군가와 함께 할 수 없답니다. 혼자서만 해야 할 일도 있어요. 그리고 혼자 있다는 것은 아무도 없는 것은 아니에요. 자기 자신과 단둘이 함께 있는 것이랍니다.

외로울 때는 마음속에서
가을바람이 살랑살랑 불어.
하늘이 잔뜩 흐려 있지만
비가 오지는 않아.

온 식구가 아기 동생만
보고 있을 때 외로워.

나, 이거 그렸어요.

외로움은 같이 놀 사람이
아무도 없는 거야.
그래서 더 춥게 느껴져.

나는 언니도 없고 오빠도 없고
동생도 없고 강아지도 없어.
그래서 외로워.

⭐⭐ 사람은 누구나 외로운 존재예요.

씨앗 하나에서 나무 한 그루가 나오는 것처럼 우리는 혼자 태어나서 혼자 죽어 갑니다. 그래서 누구나 다 외로운 것이랍니다. 가족과 친구들이 있다고요? 물론 그렇습니다. 하지만 아무리 함께 밥 먹고 함께 잠잔다 해도 자기와 이름을 같이 쓸 수 있는 사람은 없어요. 누구도 우리 자신을 대신할 수는 없답니다. 나 대신 내 밥을 먹거나 나 대신 감기에 걸릴 사람이 있을까요? 한 그루씩 서로 떨어져 있는 나무처럼 사람은 그렇게 혼자서 살아가는 거예요.

엄마가 아프셔서 잠깐 외숙모 집에서
지낼 때 정말 외로웠어.
내가 안 보여도 찾지도 않고.
외딴 섬에 혼자 있는 기분이었어.

가장 외로웠을 때는 새로 전학을 왔을 때야.
아이들은 저희끼리만 놀고
나한테는 아무 관심도 없었어.

나도 같이 놀고 싶은데.

⭐ 새 환경에 적응할 때면
누구든 외로움을 많이 느끼죠.

낯선 동네로 이사를 가거나 전학을 가면 외로운 게 당연합니다. 아는 사람도 하나 없고 다정히 말을 걸어 오는 사람도 없지요. 다시 예전 동네로, 예전 학교로 돌아가고 싶을 거예요. 그렇다고 해서 같은 동네에서 영원히 살 수는 없잖아요? 하루하루 지내다 보면 언제 이사 왔는지 잊어버릴 때가 옵니다. 물론 그사이 새 이웃과 새 친구들을 얻게 되겠지요.

외로울 때는 배가 고픈 것처럼
속이 허전해. 하지만
아무것도 먹고 싶지 않아.

방학인데 할 게 하나도 없어.
친구들이 모두 캠프 갔거든.
심심하고 외로워.

외로울 때는 눈에 보이는 것이
다 시들시들해.
생기가 없어 보여.

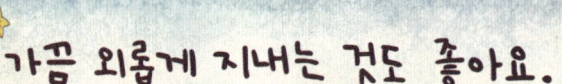

⭐⭐ 가끔 외롭게 지내는 것도 좋아요.

외로움은 자기 생활을 차분하게 돌아볼 시간을 줍니다. 친구와 싸우고는 그때 내가 왜 그랬을까 생각을 할 수도 있고, 아니면 방학 숙제는 다 했는지, 더 할 것은 없는지 등등 생각할 게 정말 많지요! 친구에 대해서도 생각해 봐요. 내게 친구가 얼마나 소중한 존재인지, 내가 친구를 얼마나 보고 싶어 하는지. 그러다 보면 잊고 있던 소중한 감정들을 다시 얻게 될 거예요. 어쩌면 토라진 친구에게 화해의 편지를 쓸 수도 있겠죠. 전혀 그런 생각을 안 하고 있었는데도요.

나는 배탈이 나서 아무것도 못 먹는데
자기들끼리만 맛있는 거 먹고…….
외로운 기분이었지.

외로울 때 나는 내 친구가
　　　　　　　좋아하는 것을 해.

3단계 감정 나누기

외로울 때 난 이렇게 해

외로울 때 나는
내 외로움이랑 놀아.

외로울 때 나는 예전에
읽었던 책을 다시 읽어.
그러면 옛 친구를 만난 것 같은
기분이 들거든. 그러다
진짜 친구가 오면 같이 놀아.

식구들을 기다리며 외로울 때는
모두가 즐거워할 일을 해.
그러면 나중에 식구들이 집에
돌아와 이렇게 말하겠지.
"지영이가 있어서 참 좋다."

으흠,
난 원래 좋은 아이인데.

우울해질 때까지 혼자 있지는 말아요.

우울해지기 전에 외로움에서 빠져나와요. 답답할 때 바람을 쐬면 상쾌하고 기분 좋지만 그렇다고 추워서 콧물이 날 때까지 바람을 맞고 있는 사람은 없겠죠. 몸이 추워질 때까지 혼자 있을 필요는 없어요.
어떻게 빠져나오냐고요? 여러 방법이 있지요.
나만의 멋진 방법을 미리 생각해 놓으세요.

아버지가 나와 놀아 주었으면 할 때 나는 마실 것을 갖다 드리면서 이렇게 말해.
"아버지, 제가 도와드릴게요. 그 대신 차 닦고 나서 저랑 바둑 둬요."

외로울 때는
아무도 안 볼 때
혼자 할 수 있는 일을
해 보는 거야.

흑흑,
내 왕자님은 어디에!

놀 아이가 없어
외로울 때는
내가 좋아하는 것을 해.

으흠!
장수풍뎅이는 뿔돌기 끝이
둘로 갈라져 있네.

⭐ 외로워야 잘할 수 있는 일도 있어요.

그림을 그리거나 음악을 작곡하는 것을 다른 사람과 같이 할 수 있을까요? 멋진 이야기를 쓰는 것도 마찬가지입니다. 누가 옆에 있으면 방해가 될 뿐이에요. 이런 일들은 외로워야 할 수 있어요. 그렇지 않으면 어떻게 자기 마음속 소리를 들을 수 있겠어요? 예술은 모두 이 마음속 소리에서 나온답니다. 예술가들이 존경받는 까닭은 외로움과 싸우면서 작품을 만들어 내기 때문입니다. 여러분도 나중에 예술가가 되고 싶으면 외로움을 친구로 삼아야 할 거예요.

고모랑 스티커 사진
찰칵!

사랑하는 엄마 아빠랑 내 여덟 번째 생일에.

이크! 삼촌, 미안해요.

형제 자매가 없어 외롭다고 느낄 때
나는 나를 사랑하는 사람들을 떠올려.
엄마, 아버지, 이모, 고모, 삼촌,
할아버지, 할머니.

외로울 때 나는 내 친구가
좋아하는 것을 해.

은영아! 인형놀이 하자.

아이, 좋아라.

⭐ 외로움은 친구를 만들어 주는 고마운 감정이에요.

사람들은 외로움을 갖고 태어나지만, 서로 친구를 하고 싶은 마음도 동시에 갖고 태어납니다. 혼자서는 살 수 없는 것이 우리예요. 한 나뭇가지에 나는 나뭇잎들처럼 바람이 불면 소곤소곤 얘기를 나누고 몸을 부비며 살아가지요. 외로움을 느끼는 것은 옆에서 같이 웃고 떠들 사람이 필요하다는 마음의 신호입니다.
'어서 친구를 찾아 나서라'는 뜻이에요. 외로움을 알지 못하면 가족이나 친구의 소중함도 알지 못합니다.

아무도 알아주지 않아
외로울 때 나는 내가 먼저
가서 말을 걸어.

여기, 도서실이 어디니?

도서실? 이쪽이야.
너, 책 좋아하는구나.

외로울 때 나는 가장 가까이 있는
사람에게 가서 말해.
"외로워요. 같이 있어 주세요."

할머니, 안녕하세요?
저 민지예요.

외로울 때는 누가 나보다
더 외로운가 한번 생각해 봐.

⭐ 주위에 외로운 사람이 있는지 살펴보아요.

외로워하면서도 그것을 잘 나타내지 못하는 사람이 있습니다. 그런 사람이 보일 때는 먼저 다가가서 말을 걸어요. 그게 자기 외로움을 잊는 가장 좋은 방법이에요. 누가 외로움 속에서 말을 걸어오면 귀찮아도 잘 들어 주세요. 친절을 베풀고 관심을 내보여요. 주위 사람을 외로움 속에 놓아두는 건 옳지 않습니다. 그리고 잊지 말아요. 우리는 사랑하고 사랑받으려고 태어난 존재입니다. 그것이 사람의 일입니다.

4단계 감정 연습

외로움아, 같이 놀자

외로운 모습을 그려 봐.

⭐ 아래 빈 말풍선을 채워 보세요.

'은비의 꿈'을 읽고 생각해 보아요.

1. 은비는 왜 외로움을 느끼나요?

2. 은비는 왜 아이를 백 명이나 낳고 싶었을까요?

3. 꿈에서 은비는 왜 "나 좀 내버려 둬!" 하고 중얼거렸을까요?

4. 여러분이 은비라면 미래의 아이들에게 어떤 이름을 지어 줄 건가요?
   열 명의 이름을 지어 보아요.

나만의 외로움은?

1. 나는 어떨 때 외롭죠?

나는

나는

나는

2. 외로울 때 나는 무엇을 하나요?

외로울 때 나는

외로울 때 나는

외로울 때 나는

⭐ 감정을 표현하는 낱말들이에요. 읽어 볼까요?

슬퍼요 질투가 나요 혼자예요 기뻐요

눈물이 나요 아쉬워요 떨려요

실망스러워요 사랑해요 울컥해요

뿌듯해요 얼굴이 화끈거려요 원망스러워요

쓸쓸해요 보고 싶어요 화가 나요

신 나요 허전해요

자랑스러워요

아찔해요 마음이 아파요

기분이 들떠요 그리워요 즐거워요

1. 왼쪽 낱말에서 외로움의 낱말을 찾아 나만의 표시를 해 보아요.

2. 그 낱말들을 가지고 한 문장씩 짧은 글을 지어 보세요.

   _____

   _____

   _____

3. 엄마가 은비에게 쪽지를 써 놓았는데 어떤 내용일까요?
   여러분이 완성해 주세요.

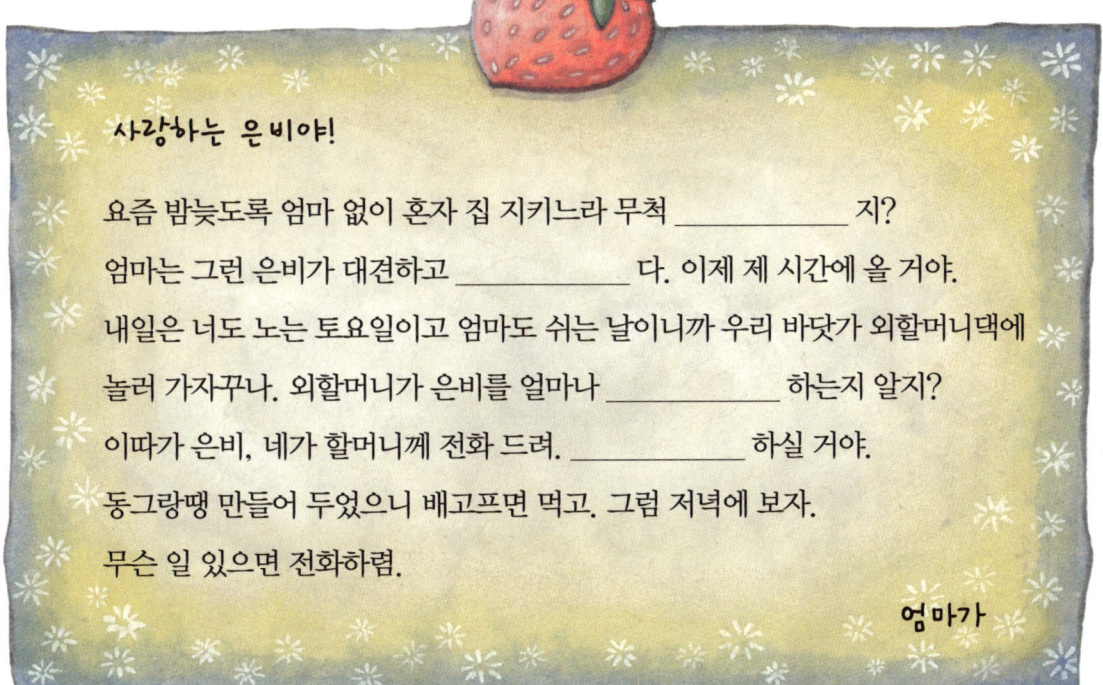

사랑하는 은비야!

요즘 밤늦도록 엄마 없이 혼자 집 지키느라 무척 _____ 지?
엄마는 그런 은비가 대견하고 _____ 다. 이제 제 시간에 올 거야.
내일은 너도 노는 토요일이고 엄마도 쉬는 날이니까 우리 바닷가 외할머니댁에
놀러 가자꾸나. 외할머니가 은비를 얼마나 _____ 하는지 알지?
이따가 은비, 네가 할머니께 전화 드려. _____ 하실 거야.
동그랑땡 만들어 두었으니 배고프면 먹고. 그럼 저녁에 보자.
무슨 일 있으면 전화하렴.

엄마가

시를 읽고 가을밤의 외로움을 느껴 보아요.

귀뚜라미와 나와

윤동주

귀뚜라미와 나와
잔디밭에서 이야기했다.

귀뜰귀뜰
　　귀뜰귀뜰

아무에게도 알으켜 주지 말고
우리 둘만 알자고 약속했다.

귀뜰귀뜰
　　귀뜰귀뜰

귀뚜라미와 나와
달 밝은 밤에 이야기했다.

외로울 때 함께 있고 싶은 사람을 여기 그려 보아요.
하고 싶은 일도 적어 보아요.

외로울 때, 가족을 생각하며 만드는 카나페!

오렌지 카나페
감기 예방과 피로 회복에 좋은 오렌지! 오렌지만 있으면 아무리 축구를 해도 감기 걱정은 없겠지. 축구 천재를 위한 오렌지 카나페, 맛있겠다.

키위 카나페
키위는 몸을 깨끗이 청소해 주고 노화 방지와 스트레스 해소를 도와준다. 엄마에게 이보다 좋은 과일은 없다. 엄마! 이제 한숨 짓지 마세요!

토마토 카나페
토마토는 고혈압, 당뇨를 예방하는 효과가 있다고. 정확히는 모르지만 이 병들이 무서운 것임에는 틀림없다. 아빠의 건강은 이 아들이 지킨다.

초콜릿 카나페
초콜릿 한 조각으로 3일을 버틴 사람도 있다! 공부에 지친 비실비실한 형에게는 집중력을 높여 주는 초콜릿이 딱이야.

바나나 카나페
비타민과 미네랄이 들어 있는 바나나를 준비하자. 바나나는 피부 미용에도 그만! 누나, 어서 집에 와.

부모님·선생님 보세요

서양에서 말하는 외로움과 동양에서 말하는 외로움은 그 성격이 약간 다릅니다. 서양의 외로움은 다른 사람과 같이 있고 싶은 욕구, 또래 집단에 소속되고 싶은 욕구가 내재되어 있지만 동양의 외로움은 실존적인 것보다는 존재 그 자체에서 오는 경우가 많습니다. 아이들에게 외로움을 이해시키고 적절한 관심을 보여 줄 때는 이러한 외로움의 정체를 잘 파악해 대응하는 것이 중요합니다.

혼자 있는 시간을 만들어 주세요.

사람은 누구나 고요히 혼자 있는 시간이 필요합니다. 아이들이 자기 스스로 걸을 수 있고 책을 볼 수 있는 나이가 되면 하루 중 어느 때에 혼자 있는 시간을 갖도록 하는 것이 좋습니다. 처음에는 10분 정도 짧은 시간 동안 혼자 있도록 하다가 자연스럽게 시간을 늘려요. 그리고 어른들, 특히 엄마들에게도 혼자 있는 시간이 필요하다는 것을 알려 주세요. 배터리를 충전하듯 자기 자신을 충전하는 시간이라고 설명하면서 이해를 구하세요.

혼자 있음을 두려워하지 않도록 도와주세요.

혼자 있는 시간을 미리 연습해 두지 않으면 갑자기 그런 시간이 닥쳤을 때 아이들은 부모에게서 버려진 느낌을 받게 됩니다. 나중에 어른이 되어서 독립적인 삶을 살아가려면 어릴 적에 혼자 있는 시간을 연습해 두는 것이 좋습니다. 그런 시간을 불안해하거나 두려워하지 않도록 부모님들이 이끌어 주기 바랍니다. 혼자 생각에 잠겨 있거나 무엇에 열중해 있을 때 방해하지 말고 가만히 지켜보는 것도 한 방법입니다.

평소에 사랑을 충분히 주십시오.

아이들의 외로움은 소외감, 버려진 느낌, 무관심에서 오는 경우가 많습니다. 같이 시간을 보내지 못한다 해도 자기가 충분히 사랑을 받고 있고 가족들이 자기를 소중히 여긴다는 것을 의심치 않으면 아이들은 혼자 있는 시간을 지나치게 부정적으로 생각지는 않을 것입니다. 이와 같은 신뢰감은 평소에 아이들에게 충분한 사랑과 관심을 보여 주었을 때 쌓이게 됩니다.

 ### 아이들에게 좋은 친구를 만들어 주세요.

아이들이 학교에 다니기 시작하면 같이 시간을 보낼 수 있는 친구를 붙여 주는 게 좋습니다. 아이들은 부모보다는 친구들과 더 같이 있고 싶어 합니다. 같이 노는 상대는 부모가 아닌 친구이기 때문입니다. 더욱이 요즘은 맞벌이 가정이 늘고 외동아이가 많습니다. 아이들에게 또래 친구는 제2의 가족과 마찬가지입니다. 이때 부모가 할 일은 아이가 좋은 친구를 사귀고 그 친구와 사이 좋게 지낼 수 있도록 뒤에서 보이지 않게 도와주는 것입니다.

 ### 그래도 외로워하면 무조건 같이 있어 주세요.

아직 어린 아이들에게는 부모의 사랑과 보살핌이 절대적으로 필요합니다. 자기를 아껴 주는 사람과 같이 있어야 할 시간도 확보되어야 합니다. 따라서 아이가 혼자 외로움을 견디기 힘들어하면 지체 말고 아이 곁에 있어 주세요. 다른 일은 미룰 수 있지만 아이들은 기다려 주지 않습니다. 이 시기에 사랑이 결핍되면 어른이 되어서도 채워지기 힘듭니다.

인성의 기초를 다지는 감정 교과서 ④
외로움

1판 1쇄 발행 2015년 3월 13일
1판 2쇄 발행 2015년 10월 19일

글 채인선
그림 이혜란
디자인 최남주

펴낸곳 한권의책
펴낸이 김남중
출판등록 제25100-2011-317호
주소 03968 서울시 마포구 성미산로 29-1 401호
전화 02)3144-0762 | **팩스** 02)3144-0763
전자우편 knamjung@hanmail.net

ⓒ 채인선, 이혜란 2015
ISBN 979-11-85237-13-8 74190
ISBN 979-11-85237-09-1 74190(세트)

* 이 책의 글과 그림은 저작권법에 의하여 보호받는 저작물입니다.
* 이 도서의 국립중앙도서관 출판시도서목록(CIP)은 서지정보유통지원시스템 홈페이지(http://www.seoji.nl.go.kr)와 국가자료공동목록시스템(http://www.nl.go.kr/kolisnet)에서 이용하실 수 있습니다.(CIP제어번호:CIP2015005813)
* 잘못 만들어진 책은 구입하신 곳에서 바꾸어 드립니다.